2 Décembre 1882

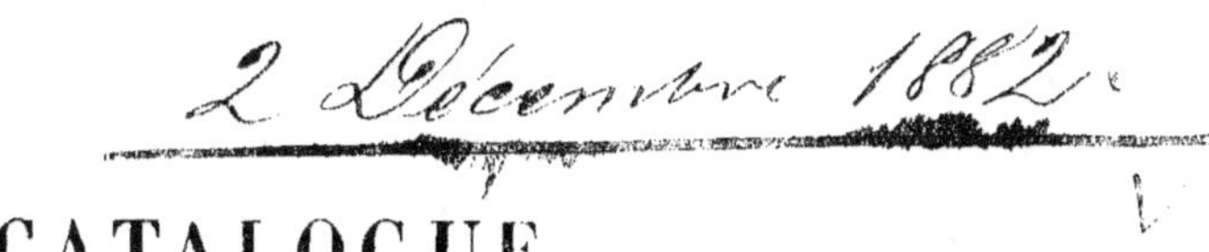

CATALOGUE

DE

4 TRÈS BELLES TAPISSERIES

DU XVe SIÈCLE

PROVENANT

Du Couvent des Dominica Reales de Tolède

OBJETS DE VITRINE

BIJOUX ANCIENS, ARGENTERIE, PORCELAINES, IVOIRES, BRONZES

STATUE EN MARBRE — RÉGULATEUR

Meubles. — Objets divers

DONT LA VENTE AURA LIEU

Hôtel Drouot, Salle n° 8

LE SAMEDI 2 DÉCEMBRE 1882, A 2 HEURES

Me BERTHELIN | M. A. BLOCHE
COMMISSAIRE-PRISEUR | EXPERT
29, rue Le Peletier. | 44, rue Laffitte

EXPOSITION PUBLIQUE

LE VENDREDI 1er DÉCEMBRE 1882, DE 1 HEURE 4/2 A 5 HEURES 1/2

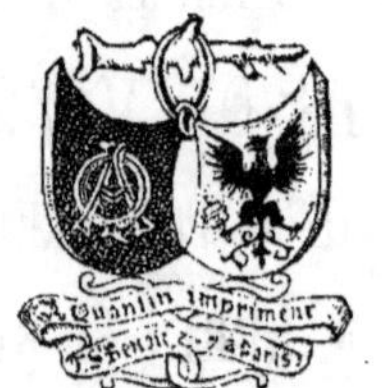

CONDITIONS DE LA VENTE

Elle sera faite au comptant.

Les acquéreurs payeront 5 pour 100 en sus des adjudications applicables aux frais.

L'exposition mettant les acquéreurs à même de se rendre compte de l'état et de la nature des objets, il ne sera admis aucune réclamation une fois l'adjudication prononcée.

DÉSIGNATION

1. — Grande et belle Montre en or avec émail peint sur le boîtier, entourée de deux perles avec cadran ciselé, époque Empire.

2. — Montre en or émaillé à sujet, travail de Genève, époque Louis XVI.

3. — Montre et chaîne en or émaillé à fleurs.

4. — Montre en or ciselé et émaillé, enrichie de deux perles, époque Louis XVI.

5. — Montre en or émaillé à sujet, travail de Genève, époque Louis XVI.

6. — Montre en or repoussé à double boîtier, époque Louis XV, chaîne de gousset en or et cachet en cornaline, monture en or.

7. — Montre en or repoussé à double boîtier, époque Louis XV

8. — Montre en or guilloché et ciselé.

9. — Deux Montres en or émaillé bleu et rouge, entourage demi-perles, époque Louis XVI.

10. — Montre en or gravé avec émail au centre, entourage en jargons, époque Louis XVI.

11. — Montre en or émaillé avec sujet sur le boîtier, époque Louis XVI.

12. — Pendentif en or émaillé enrichi de perles et pierreries, époque Louis XIII.

13. — Coquetier en or émaillé à fleurs.

14. — Deux petits Vases en émail peint de la Chine.

15. — Étui en or gravé et ciselé Louis XVI.

16. — Peigne monté en or avec camée coquille.

17 — Croix et Broche en argent enrichies de roses, XVIIe siècle.

18. — Bague à chaton émaillé or et argent et une Croix du Saint-Esprit en or émaillé Louis XIII.

19. — Chapelet en or avec croix et pendentif émaillés, au chiffre de Marie de Médicis.

20. — Deux Broches en or avec jaspe et lapis.

21. — Bracelet en or à maillons avec améthyste.

22. — Six Bagues en or émaillé et avec pierreries.

23. — Paire de Boucles d'oreilles et une Bague en or émeraudes et perles.

24. — Aiguière avec bassin en argent gravé, bec orné d'un mascaron, XVI° siècle.

25. — Calice en argent repoussé, XVI° siècle.

26. — Calice en argent repoussé et doré, travail gothique.

27. — Calice avec couvercle en argent gravé, XVI° siècle.

28. — Lampe à quatre branches en argent, époque Empire.

29. — Croix en argent, XVI° siècle.

30. — Baiser de Paix en argent ciselé, époque Louis XIII.

31. — Ceinture en argent ciselé, style Renaissance.

32. — Petit Encrier en argent gravé et doré, époque Louis XIV.

33. — Drageoir de forme triangulaire, en argent gravé, enrichi d'un brillant de table.

34. — Boîte en argent ciselé et doré décorée de scènes enfantines et de coquilles, époque Louis XIV.

35. — Boîte en argent ciselé, époque Louis XIV, sujets allégoriques et rocailles.

36. — Boîte en argent émaillé, travail vénitien du XVIᵉ siècle.

37. — Cadre de reliquaire en argent doré, XVIᵉ siècle.

38. — Oiseau en filigrane d'argent, partie émaillée formant coupe, XVIIᵉ siècle.

39. — Figurine en argent ciselé portant un œuf en cristal de roche, XVIIᵉ siècle.

40. Bonbonnière en argent gravé et Bracelet dit Semaine.

41. — Pistolet albanais en argent.

42. — Série de QUATRE REMARQUABLES TAPISSERIES DU XVᵉ SIÈCLE, représentant des scènes allégoriques de la vie du Christ. Compositions de multitude de figures. Provenant du couvent des *Dominica Reales de Tolède*.

La première représente la Cène.

H., 4ᵐ,70. L., 8 mètres.

La deuxième divisée en triptyque représente à gauche le Christ devant les juges, au centre la flagellation et à droite le baiser de Judas.

H., 4ᵐ,20. L., 8ᵐ,30.

La troisième représente la Création du Monde. Composition d'aspect monumental présentant sept sujets allégoriques sous des arceaux et des banderoles avec inscription indiquant les noms des personnages. De chaque côté sont représentés les donataires de la tenture.

H., 4ᵐ,20. L., 6ᵐ,80.

La quatrième représente la dernière Station de la Croix, le Calvaire et la Résurrection.

H., 4ᵐ,20. L., 9ᵐ,10.

NOTA. — Ces quatre Tapisseries seront mises en vente *par lot de deux* sur a mise à prix de **25,000 francs**.

43. — Boîte en agate mamelonnée, montée à charnières en or.

44. — Boîte en prisme d'améthyste avec sujet champêtre sculpté sur le couvercle, monture à charnières Louis XV.

45. — Tasse et Soucoupe en agate.

46. — Plateau en fer finement damasquiné d'or.

47. — Boîte en nacre et écaille incrustée d'or, monture argent doré, époque Louis XV.

48. — Étui en fer incrusté d'or.

49. — Deux Plaquettes en niellé argent, représentant des sujets mythologiques, xvie siècle.

50. — Une Plaquette en argent niellé représentant la Mort du Christ, xvie siècle.

51. — Deux Plaquettes en argent niellé, représentant des Têtes de saints, xvie siècle.

52. — Deux Plaques en cristal de roche gravé, xvie siècle.

53. — Camée en labrador.

54. — Tête d'ange en corail.

55. — Broche en corail, monture or.

56. — Broche corail, monture or.

57. — Cinq Camées en corail.

58. — Neuf Boutons en corail.

59. — Médaillon en or émaillé.

60. — Médaillon en or Louis XV.

61. — Chapelet en or, XVIᵉ siècle.

62. — Paire de Boucles d'oreilles avec pendeloques et avec rubis, monture or et ornées de perles fines.

63. — Deux Épingles camées turquoises, monture en or dont une enrichie de roses.

64. — Trois Épingles en or dont une mouche en jade vert, l'autre en agate et l'autre tout or masque.

65. — Flacon en pierre, monture or et chaise en or émaillé.

66. — Quatre petits Colliers en petites perles enfilades.

67. — Épingle ornée d'un camée dur, monture en or émaillé
et ornée de roses.

68. — Médaillon ovale en cristal de roche gravé, sujet my-
thologique.

69. — Couverture de livre à charnières en fer, partie dorée,
XVIe siècle.

70. — Camée améthyste.

71. — Plaque ovale en cristal de roche gravé, représentant
le Sacrifice d'Abraham.

72. — Boîte en bois sculpté à bas-relief orné de bustes et
d'ornements, XVe siècle.

73. — Groupe en ivoire du Japon.

74. — Groupe, Arbre et Oiseau, en ivoire du Japon.

75. — Deux Figurines ivoire du Japon.

76. — Trois Boîtes à médecin en laque du Japon dorée et
aventurine

77. — Deux Boucles Louis XV en argent et cailloux du Rhin.

78. — Boîte à bonbons, époque Louis XVI.

79. — Nécessaire de poche en écaille et argent.

80. — Deux petits Flacons en porcelaine de Saxe montés en
argent.

81. — Deux Tasses en porcelaine de Saxe.

82. — Deux Chiens en porcelaine d'Allemagne.

83. — Petit Groupe en porcelaine de Saxe.

84. — Douze Boutons en filigrane d'argent, époque Louis XV.

85. — Deux Boucles de ceinture en argent et pierres de cou-
leur.

86. — Paire de Boutons de manchettes, cabochons montés
en or.

87. — Couteau à papier en bronze gravé.

88. — Deux Compotiers en porcelaine blanché de Sèvres.

89. — Éventail.

90. — Deux Pommes de cannes en émail cloisonné du
    Japon.

91. — Trois morceaux de cuir de Cordoue.

92. — Tenture en damas de soie ancien.

93. — Plateau en émail de Chine.

94. — Boîte en bois de fer burgauté.

95. — Petit Lustre hollandais.

96. — Le Vase antique. Grande et belle statue en marbre
    blanc de Bonani.

97. — Statue en marbre blanc représentant le Printemps.

98. — Beau Régulateur en marqueterie de cuivre, riche
    décor à sujets d'après Bérain orné de bronze, style
    Louis XIV.

99. — La Vestale au perroquet. Beau Groupe en bronze
    vert de Sauvageot.

100. — Buste en bronze italien de Jules Faber.

101. — Beau Meuble de salon en tapisserie d'Aubusson à personnages, bois sculpté et doré Louis XVI, composé d'un canapé, quatre fauteuils et quatre chaises.

102. — Deux Peintures sur soie. Scènes enfantines.

103. — Chaise percée, en vieux rouen.

104. — Statuette en bois Louis XIII.

105. — Tapisseries.

106. — Lot d'étoffes.

107. — Paire de Lampes-Jardinières en porcelaine de Chine, fond noir, dessin vert, monture en bronze doré.

108. — Paire de grandes Vasques en porcelaine de Chine, décor bleu sur blanc.

109. — Paire de Socles hauts, en bois de fer, à dessus de marbre.

110. — Quatre grands Plats en porcelaine d'Imari.

111. — Deux Tubes émail cloisonné du Japon.

112. — Deux Plats faïence de Kaga, décor fond rouge, à personnages.

113. — Deux Consoles italiennes avec incrustations d'ivoire.

114. — Deux Brûle-Parfums, bronze du Japon.

115. — Deux Flambeaux Chimères, en bronze poli.

116. — Quatre Plats en porcelaine du Japon, à rehauts d'or.

117. — Six Coupes à pans sur piédouches en imari.

118. — Objets non catalogués.

Paris. — Imp. A. Quantin, 7, rue Saint-Benoît. (2243)